Widme dich der Liebe

und dem Kochen

mit ganzem Herzen.

-Dalai Lama-

INHALTSVERZEICHNIS

One Pot Vegan
Zum Mitnehmen,
Bitte!

ONE POT VEGAN ZUM MITNEHMEN, BITTE!

Nach einem anstrengenden Arbeitstag kann ich mir nur allzu oft etwas Besseres vorstellen, als mit 5 Töpfen in der Küche zu jonglieren, um nach gefühlten Stunden ein warmes Essen zu zaubern. Mal davon abgesehen, dass mir das anschließende Spülen noch viel weniger Spaß macht, habe ich gar keine Lust, mich stundenlang in die Küche zu stellen. Ehrlich gesagt bin ich gerade abends ziemlich kochfaul! In der Mittagspause beneide ich meine Kolleginnen jedes Mal für ihre selbst gekochten Leckereien vom Vorabend. Wie oft wünsche mir dann, dass ich am Abend zuvor doch den Kochlöffel geschwungen hätte, bevor ich mit meiner Gabel in den Supermarktsalat pikse. Dabei esse ich sehr gerne gesund und am liebsten vegan. Täglich nehme ich mir das Selber-Kochen vor. Doch im Alltag bleibt einfach nicht so viel Zeit zum aufwendigen kochen. Geht es euch nicht auch oft so? Mein tägliches Leid erzählte ich meiner Kollegin, die mir erstmalig von „One Pot“ Gerichten erzählt hat.

„ONE POT“ KOMMT DAS AUS DEM RUHRPOTT?

„Nein, natürlich nicht“, ließ ich mir sagen. One Pot ist zur Zeit in aller Munde und ein absoluter Foodtrend aus den USA. Ja, ihr habt richtig gelesen, aus den USA. Eine Fernsehköchin namens Martha Stewart hat den ganzen Trend erst ins Rollen gebracht. Doch was ist das eigentlich genau? Und ist es wirklich so etwas „Neues“? Und funktionieren die One Pot Rezepte denn auch vegan?

MEIN WEG ZU ONE POT GERICHTEN

Eine Kollegin erzählte mir, dass sie „One Pot“ Gerichte für sich entdeckt hatte, nachdem sie das gleiche Zeitproblem plagte. „One Pot“ Gerichte, dachte ich, hört sich für mich nach allem an, außer nach etwas wirklich leckerem Essbaren. Doch das Wort „One Pot“ ist aus dem Englischen und bedeutet nichts anderes als „ein Topf“. Gemeint ist, dass alle Zutaten inklusive der ungekochten Nudeln oder Reis und Gemüse in einem Topf zubereitet werden. „Komisch“ dachte ich und konnte mir einfach nicht vorstellen, dass so etwas wirklich lecker schmecken kann, wenn alle Zutaten einfach wild in so einem Topf vor sich hin brutzeln.

Doch übersetzt man das Wort „One Pot“ genau ins Deutsche, heißt es nichts anderes als „Ein-Topf“ - „Eintopf“. Ja, jeder kennt Mamas Erbseneintopf.

Also doch nichts wirklich Neues.

Überall auf der ganzen Welt und in allen Kulturen sind Eintöpfe bekannt. Wir kennen den mexikanischen Chili con Carne, den deutschen Gulascheintopf, den italienischen Risotto und die spanische Paella, sogar in Japan gibt es traditionelle Eintöpfe aus Reisnudeln, Kohl und Hühnchen.

Doch traditionelle Vegan-Eintöpfe sind in unseren Kulturkreisen nicht sehr geläufig. Viele Eintöpfe sind sehr deftig mit möglichst viel Fleisch, Speck oder Fisch, um dem Gericht eine bestimmte Würze zu geben. Aber es geht auch anders. Buddhisten zum Beispiel essen gerne vegan und auch in anderen

Kulturen ist die vegane Küche nichts Außergewöhnliches.

Ich habe mit einigen Rezepten herumexperimentiert und möchte euch meine Top 25 nicht vorenthalten.

MEIN ERSTER „ONE POT“

Nach meinem ersten „One Pot“ Gericht war es um mich geschehen und ich wurde zum absoluten „One Pot“ Fan.

Jetzt kann ich den Foodtrend total verstehen: mal davon abgesehen, dass die Umsetzung kinderleicht ist, der Hauptbestandteil aus gesunden, leckeren Zutaten besteht und alles in einen Topf kommt, spare ich auch noch Zeit beim Spülen. Denn du brauchst ja nur einen Topf! Kein vorbraten, anschwitzen oder Ähnliches in sämtlichen Pfannen und Töpfen. Alles kommt einfach nur in einen großen Topf! Neben den vielen Vorteilen gibt es eine wahrhaftige Geschmacksintensität. Denn das Aroma deiner Zutaten wird von deiner Grundzutat wie Nudeln komplett aufgenommen und dadurch sehr intensiv! Dazu kommt, dass deine Grundzutat Stärke beinhaltet, die beim Kochen in die Sauce übergeht und die Flüssigkeit damit bindet. Dadurch entsteht eine perfekte Sauce. Der Geschmack ist himmlisch, so dass ich mir nur allzu oft wünschte, mich darin baden zu können. Seit meiner ersten

Begegnung habe ich unzählige Gerichte ausprobiert, abgewandelt und absolut lieben gelernt. Das Beste ist, dass so ein „One Pot“ Gericht in einem Single-Haushalt auch gut für den nächsten Arbeitstag reicht, um in der Mittagspause genüsslich zu schlemmen. Und ich verrate dir jetzt ein Geheimnis: am nächsten Tag schmecken meine „One Pot“ Gerichte meist noch viel besser! Die meisten meiner hier vorgestellten Lieblingsgerichte sind in ca. 10 bis 30 Minuten Kochzeit perfekt und natürlich 100% vegan genießbar.

Alle Gerichte beziehen sich auf 4 Portionen. Du kannst übergebliebene Mengen gut in Portionen einfrieren und für weitere Abende aufsparen oder die Menge um die Hälfte reduzieren. Es fragen sich jetzt einige sicherlich, warum denn der „One Pot“ vegan sein muss. Er muss natürlich gar nichts, aber trotz allem würde ich dir gerne einige Vorteile der veganen Ernährung zeigen.

GUTE GRÜNDE FÜR DIE VEGANE ERNÄHRUNG

Es gibt moralische, gesundheitliche und umwelttechnische Gründe, die für die vegane Ernährung sprechen. 1,5 Millionen Menschen in Deutschland haben sich der veganen Ernährung verschrieben, weil sie die Art und Weise, wie mit Tieren umgegangen wird, mit den eigenen moralischen Vorstellungen nicht vertreten können und dies damit nicht weiter unterstützen wollen.

Andere entscheiden sich für diese Ernährungsweise, da der steigende Konsum an tierischen Produkten für vielfältige Zivilisationskrankheiten wie Herz-Kreislauf-Erkrankungen, Krebs, Schlaganfälle, Diabetes und Übergewicht verantwortlich gemacht wird. Dazu kommt, dass tierische Produkte oftmals so stark mit Antibiotika versetzt sind, dass wir bereits ohne es zu wissen Antibiotikaresistenzen entwickeln. Aber auch im Bereich der Umweltproblematik spricht vieles dafür sich bewusster zu ernähren, denn die Tierhaltung braucht Platz und verursacht aufgrund der Masse hohe Baumrodung. Außerdem belasten die Tiere aufgrund der erhöhten CO_2-Ausstöße die Umwelt und sind für den rapide steigenden Klimawandel mitverantwortlich.

Ich selber habe schon enorme Veränderungen, die meinen Körper angehen, beobachten können:

- die Tagesmüdigkeit verschwindet und du hast mehr Power für den Tag
- die Konzentrationsfähigkeit steigt
- die Blutdruckwerte verbessern sich
- die Haut sieht reiner und frischer aus
- du schläfst besser
- die Verdauung verbessert sich

Doch egal ob du ein konsequent überzeugter vegan lebender Mensch oder einfach nur neugierig auf die vegane Küche bist, freue ich mich, dass du den Weg zu meinem Buch gefunden hast. Du wirst sehen, dass die Rezepte geschmacklich genauso vielversprechend sind wie Gerichte mit tierischen Produkten.

HÄUFIGE FRAGEN ZU "ONE POT" VEGAN GERICHTEN

Was sind die Grundzutaten für meinen "One Pot?

Für deinen „One Pot“ brauchst du einige Zutaten, die du immer zu Hause haben solltest.Weil dein „One Pot“ Flüssigkeit als Basis benötigt, ist eine würzige Gemüsebrühe, Kokosmilch oder Wasser immer ein Muss. Kokosöl als gesunde Fettalternative zum Andünsten und Kokosblüten-zucker finden auch häufigen Einsatz und sind eine gesunde Alternative zu raffiniertem Zucker. Außerdem brauchst du als Basis Nudeln, Bulgur, Quinoa, Reis oder Linsen sowie deine Lieblings-gemüsesorten.

Wie sind die Garzeiten von verschiedenen Gemüsesorten? Da das Gemüse unterschiedliche Garzeiten besitzt, habe ich dir eine Liste zusammengeschrieben, die dir genau anzeigt, wann du dein Gemüse in den Topf hinzufügst. Tomaten, beispielsweise brauchen weniger Zeit um gar zu werden und müssen nicht direkt zu Beginn in den Topf.

MEINE LISTE MIT GEMÜSEGARZEITEN SOLL DIR BEIM EXPERIMENTIEREN HELFEN:

Artischocke	20 min
Auberginenwürfel	10 min
Avocado	5-10 min
Blattspinat	5 min
Blumenkohl	15-20 min
Brokkoli	7-10 min
Bohnen	5-10 min
Chinakohl	7-10 min
Fenchel	15-20 min
Erbsen	5-10 min
Grünkohl	5-7 min
Kartoffelstücke	12-20 min
Knollensellerie	10-15 min
Kürbis	10 min
Linsen	10-20 min

Maiskörner	8-15 min
Mangold	5-8 min
Möhren	10-15 min
Paprika	5-8 min
Pastinaken	10-15 min
Pilze	10 min
Porree-Ringe	10-15 min
Rotkohl in Streifen geschnitten	8-10 min
Rosenkohl	5-10 min
(Rote) Zwiebel in Streifen geschnitten	3-5 min
Schalotten	3-5 min
Spargel (grün)	10 min
Spargel (weiß)	15-20 min
Tomaten	5 min
Zuckererbsen	5-12min
Zucchini	7-10 min

Woher weiß ich, wie lange ich meinen „One Pot“ kochen muss, wenn ich mal andere Grundzutaten als die angegebenen Nudeln verwende?

Jede Nudelsorte braucht eine andere Kochzeit, um gar zu werden. Genauso verhält es sich mit den Kartoffeln, dem Quinoa, dem Bulgur oder den Linsen -Nudeln. Deshalb solltest du deine „One Pot“ Kochzeit nach deinen Grundzutaten richten. Die folgende Tabell soll dir einen Richtwert geben: Weil die Geschmäcker unterschiedlich sind, solltest du nach der Mindestkochzeit der Packung mal probieren, ob deine Grundzutat für dich al dente ist!

Buchstaben-Nudeln	5-10 min
Bulgur	8-10 min
Spaghetti	8-10 min
Fusilli	10-15 min
Farfalle	15-18 min
Rigatoni	10-15 min
Kartoffeln	15-20 min
Süßkartoffeln	15-20 min
Linsen	15-20 min
Linguine	8-10 min
Tagliatelle	8-13 min
Tortellini	10-15 min
Quinoa	10-15 min
Pappardelle	10-15 min
Penne	10-15 min

Was mache ich, wenn ich merke, dass die Flüssigkeit schneller verkocht ist?

Du nutzt so viel Flüssigkeit, bis alles gut abgedeckt ist und sich die Zutaten mit dem Gemüsewasser vollsaugen können. Dann entsteht eine leckere, cremige Konsistenz. Wenn du merkst, dass die Flüssigkeit schneller verkocht ist, gibst du vorsichtig etwas nach.

Was mache ich, wenn die Nudeln nicht in meinen Topf passen?

Dafür gibt es einen ganz einfachen Trick: du brichst sie einmal durch. Dann passt es auch mit dem Topf! Bedenke, dass sich die Garzeit verändern kann, wenn deine Nudeln direkt von Anfang an mit in den Kochtopf kommen. Also: zwischendurch immer mal probieren!

Wie verpacke ich mein Essen gut, damit ich es auch auf der Arbeit gut essen kann?

Es gibt verschiedene Möglichkeiten: ich benutze immer Glasdosen, die sich mit einem Plastikdeckel wasserdicht verschließen lassen, oder ein größeres Vorratsglas. Da kann ich den Inhalt gut auf einem Teller umschütten und für die Mikro vorbereiten. Wenn ich mein Essen schon in Portionen eingefroren habe, nehme ich es eingefroren mit zur Arbeit und lasse es bei Raumtemperatur auftauen.

Woher weiß ich, wie viel Flüssigkeit ich für meinen „One Pot“ brauche, wenn ich mir selbst etwas zusammen stelle?

Die Grundregel für deinen „One Pot“ ist, dass du die Flüssigkeit mit der Grundzutat abstimmst. Durch zu viel Flüssigkeit werden deine Zutaten matschig, bei zu wenig Flüssigkeit hingegen werden die Zutaten nicht richtig gar. Ich nutze dafür die Faustregel 2: 1, also ca.500 ml Flüssigkeit auf 250 g Nudeln, die ich zum Topf dazugebe. Ich schaue dabei immer, ob alle Zutaten abgedeckt sind. Je nach Topfgröße kann das variieren. Gib am Anfang nicht alles an Flüssigkeit rein, sondern gib lieber später etwas dazu, wenn du merkst, dass sie zu schnell verkocht. Das ist besser, denn manche Gemüsesorten wie Champignons, Zucchini, Kohlsorten und Tomaten geben selber schon viel Flüssigkeit ab, so dass du am Ende doch eventuell zu viel Flüssigkeit in deinem Pot hast oder deine Grundzutat matschig wird.

Rezepte

KLASSIKER POT

Kochzeit: 10-15 Minuten kcal 349

Kapern sind nicht nur lecker sondern wirken auch Anti oxidativ. Die hohe Konzentration an Rutin, soll vor Krebs schützen. Außerdem wirken Kapern verdauungsfördernd.

Zutaten

- 250 g halbierte Spaghetti
- 250 g geviertelte Kirschtomaten
- 2 TL Kapern
- 2 EL Olivenöl
- 1 EL Kokosblütenzucker
- 1 kleingeschnittene Chilischote
- 1 zerkleinerte Zwiebel
- 3 kleingeschnittene Knoblauchzehen
- 2 TL Salz
- 1 TL Paprikapulver scharf
- etwas schwarzen Pfeffer
- 500 ml heiße Gemüsebrühe
- 2 EL Tomatenmark
- ½ Bund Basilikum

Die **Kirschtomaten** waschen und halbieren. **Zwiebel** und **Knoblauch** in feine Würfel schneiden. Die Chilischote klein schneiden.

Die **Basilikumblätter** waschen, trocken schütteln und von den Stängeln zupfen. Die kleingeschnittene **Zwiebel, Knoblauch** und **Chilischote** mit etwas Öl im Topf erhitzen und 1 Minute anschwitzen lassen.

Mit ca. 500 ml **Gemüsebrühe** ablöschen, aufkochen und **Spaghetti, Kapern, Tomatenmark, Kokosblütenzucker, Paprikapulver** hinzufügen, 5 Minuten köcheln lassen und dabei gelegentlich umrühren. Die **Tomatenhälften** für die letzten 5 Minuten dazugeben.

Damit der **Basilikum** nicht zu stark verkocht, kommt er erst für die letzte Minute dazu.
Nach Bedarf mit **Salz und Pfeffer** abschmecken...und fertig.

BUNTER NUDEL POT

Kochzeit: 10-12 Minuten   kcal 388

Das Gericht besitzt Gemüsesorten wie die kalorienarme Zucchini, die wichtige Mineralstoffe wie Kalzium und Spurenelemente wie Eisen enthält

Zutaten

- 250 g Fusilli Nudeln
- 1 Zucchini
- 1 rote Paprika
- 6 Kirschtomaten
- 1 kleingeschnittene Schalotte
- 2 in dünne Spalten geschnittene Knoblauchzehen
- 1 Dose Kokosmilch
- 1 Dose stückige Tomaten
- 1 EL rote Currypaste
- 200 ml Gemüsebrühe

Kirschtomaten, Paprika und **Zucchini** waschen. Die **Kirschtomaten** halbieren. **Zucchini** in Scheiben schneiden. **Schalotte, Knoblauch und Paprika** in feine Teile zerstückeln. Alle Zutaten außer die **Tomatenhälften** und die **Zucchinischeiben** in einem Topf mit der Flüssigkeit aufkochen. Alles **10 Minuten** auf mittlerer Hitze garen. In den letzten 5 Minuten die **Tomatenhälften** und **Zucchinischeiben** dazugeben. Alles gelegentlich umrühren, abschmecken und fertig!

GRÜNER POT

Kochzeit: 15-18 Minuten kcal 468

Champignons sind sehr proteinreich und enthalten wichtige Mineralstoffe wie Eisen, Zink und Kalium.

Zutaten

- 250 g Nudeln
- 4 gepresste Knoblauchzehen
- 1 in Würfel geschnittene Schalotte
- 750 ml Gemüsebrühe
- 1 EL Chili Öl
- 1 Zucchini
- 200 g frischer Spinat
- 150 g in Scheiben geschnittene Champignons
- 250 ml ungesüßte Kokos- oder Mandelmilch
- 1 TL Maisstärke (wer es cremiger mag)
- Salz ,Pfeffer, Chiliflocken (je nach Geschmack)

Den **Spinat** waschen und trocken schütteln. Die **Zucchini** waschen und in Scheiben schneiden, anschließend halbieren.
Champignons mit einer Bürste oder einem Küchentuch abreiben. Die **Knoblauchzehen** pressen.
Die **Schalotte** in kleine Würfel schneiden.

Alles außer den **Zucchinischeiben** mit den **Nudeln** in einen Topf geben und mit **Gemüsebrühe** und **Kokosmilch** auffüllen.
Nach ca. **10 Minuten** Kochzeit die Zucchini hinzufügen und weitere 5 Minutenköcheln.

Anschließend mit **Salz** und **Pfeffer** abschmecken und genießen!

ROTER NUDEL POT

Kochzeit: 15-18 Minuten   kcal 540

Die enthaltenden Walnüsse sind reich an Omega-3-Fettsäuren und besitzen Vitamin B6, das sich positiv auf unsere Konzentration auswirkt und vor Müdigkeit schützt.

Zutaten

- 250 g Spaghetti
- 2 Knoblauchzehen
- 1 rote Zwiebel
- 500 ml Gemüsebrühe
- 60 ml Balsamicoessig
- 60 ml Rotwein
- 1 Birne
- 1 EL Ahornsirup

- 1 EL Kokosblütenzucker
- 2 EL Kokosöl
- 4 g Rote-Bete-Pulver
- 30 g Walnusskerne

- 5 g Thymian
- Salz und Pfeffer zum Abschmecken

Den **Thymian** waschen und die Blätter abzupfen. Die **Zwiebel** in feine Ringe schneiden.

Knoblauchzehen in einer Presse zerkleinern. Die **Birne** in Würfel schneiden. **Walnusskerne** grob zerkleinern.

Das **Kokosöl** in dem Topf schmelzen lassen und die **Birnenwürfel** und **Walnusskerne** für 2 Minuten anbraten. Anschließend beiseite legen.

Die **roten Zwiebeln** mit dem **Ahornsirup** und dem **Kokosblütenzucker** im gleichen Topf für 2 Minuten karamellisieren und mit **Rotwein** ablöschen.

Spaghetti, gepresste **Knoblauchzehen**, **Gemüsebrühe, Balsamicoessig** und die **Thymianblätter** für 10 Minuten im Topf kochen.

In den letzten Minuten die **Walnüsse** und **Birnen** unterheben und mit **Salz und Pfeffer** abschmecken.

Guten Appetit!

MEXIKANISCHER QUINOA SIN CARNE POT

Kochzeit: 20 Minuten kcal 457

Mein Mexanischer Quinoa Sin Carne Pot gibt dir nicht nur den Sättigungskick, sondern auch den Eisenkick!

Zutaten

- 200 g Quinoa
- 400 ml Gemüsebrühe
- 1 Dose stückige Tomaten
- 1 Dose schwarze Bohnen
- 1 Dose Mais
- 1 in dünne Ringen geschnittene rote Zwiebel
- 3 in feine Scheiben geschnittene Knoblauchzehen
- 2 in Ringe geschnittene Frühlingszwiebeln
- ½ Bund Petersilie
- 2 in Stücke geschnittene rote Paprika
- 1 in Würfel geschnittene Avocado
- 1 EL Paprikagewürz
- ½ EL gemahlener Kreuzkümmel
- ½ gepresste Limette

Die **Paprika, Kräuter** und **Frühlingszwiebeln** waschen. Die **Avocado** in Würfel schneiden. **Paprika** in dünne Streifen schneiden.

Frühlingszwiebel in Ringe schneiden. Die **Petersilie** von den Stängeln zupfen, grob zerkleinern und beiseite legen.

Die **Limette** pressen. Alle Zutaten der Zutatenliste außer die **Petersilie** und die in Ringe geschnittenen **Frühlingszwiebeln** in einem Topf aufkochen und für 15 Minuten köcheln.

Gelegentlich umrühren. In den letzten 5 Minuten werden die **Frühlingszwiebeln** sowie die **Petersilie** hinzugefügt. Mit Salz und Pfeffer abrunden und fertig!

VEGANER PASTA ALFREDO POT

Kochzeit: 15 Minuten Kcal 435

Kokoswasser ist ein absolutes Entgiftungswunder und fördert eine aktive Zellreinigung und sorgt dafür das Giftstoffe aus dem Körper herausgeschwemmt werden.

Zutaten

- 250 g Nudeln
- 1 EL Olivenöl
- 4 in feine Scheiben geschnittene Knoblauchzehen
- 1 in dünne Ringe geschnittene Schalotte
- 400 ml Gemüsebrühe
- 180 ml ungesüßte Kokosmilch oder Sojamilch
- 2 EL Mandelmus
- 1 Bund frischer Basilikum

Basilikum waschen und trocken schütteln. Die **Schalotte** in feine Ringe und **Knoblauchzehen** in feine Scheiben schneiden. **Basilikumblätter** von den Stängeln abzupfen und beiseite legen. Die **Schalotten** und **Knoblauchzehen** in Öl leicht anschwitzen und mit **Gemüsebrühe** und **Kokosmilch** ablöschen. **Mandelmus** und **Nudeln** hinzufügen und 15 Minuten aufkochen. Die **Basilikumblätter** zum Schluss dazugeben. Mit Salz und Pfeffer abschmecken. **Tipp**: Für einen käsigen Geschmack kannst du dein Pot mit Miso Paste abschmecken.

WEIßWEIN KÜSST ZITRONEN PASTA POT

Kochzeit: 20 Minuten kcal 398

Linsen Nudeln bieten sich super bei einer Low Carb Ernährung an. Sie sind voller Proteine und das Eiweiß hält länger satt.

Zutaten

- 250 g Penne Nudeln
- 2 El Olivenöl
- 2 Lauchzwiebeln in Ringen geschnitten
- 1 kleingeschnittene Knoblauchzehe
- 1 Zucchini
- 1 TL getrockneter Oregano
- 2 EL Zitronensaft
- Zitronenschale einer ½ abgeriebenen Zitrone
- 100 ml Weißwein
- 150 ml ungesüßte Mandelmilch
- 300 ml Gemüsebrühe
- Salz und Pfeffer (nach Geschmack)
- ½ Bund frischer Basilikum

Die **Basilikumblätter, Zucchini** und **Lauchzwiebeln** waschen und trocken schütteln.

Die Schale einer 1/2 **Zitrone** abreiben und die **halbe Zitrone** pressen. Die **Lauchzwiebeln** in Ringe und die **Zucchini** in Scheiben schneiden.

Die **Knoblauchzehen** pressen.
Lauchzwiebeln mit **Zucchini** und **Knoblauchzehen** in einem Topf mit **Olivenöl** anschwitzen und mit **Weißwein** und **Zitronensaft** ablöschen.
Die Zucchinischeiben für kurze Zeit beiseite legen.
Nudeln, Gemüsebrühe und **Mandelmilch** dazugeben und aufkochen.

Den **Abrieb der Zitronenschale** und den getrockneten **Oregano** dazugeben. Alles für 15 Minuten leicht köcheln.

Basilikumblätter und **Zucchinischeiben** zum Schluss unter die Nudeln mischen.

Mit **Salz und Pfeffer** abschmecken und warm servieren.

INDISCHER KOKOS-CURRY POT

Kochzeit: 20 Minuten kcal 322

Erdnüsse, gehören zu den Superfoods. Neben einem hohen Eiweißgehalt besitzen sie Vitamin B, Vitamin E und Magnesium. Erdnüsse haben außerdem einen positiven Einfluss auf einen hohen Cholesterinspiegel

Zutaten

- 250 g Fusilli Nudeln
- 1 EL Kokosöl
- 1 in dünne Ringe geschnittene Schalotte
- 1 cm kleingeschnittenes Stück Ingwer
- 1-2 EL rote Curry Paste
- 1 Dose Kokosmilch
- 250 ml Gemüsebrühe
- 1 Zucchini in Scheiben geschnitten
- 1 in Scheiben geschnittene Karotte
- 1 EL Erdnussbutter
- 2 EL Sojasauce
- 1 TL Balsamicoessig
- 1 TL Kokosblütenzucker
- 1 Handvoll Erdnüsse oder Cashewnüsse
- Salz und Pfeffer zum Abschmecken
- Wer mag serviert sein Pot mit frischem Kardamom

Die **Zucchini** und **Möhre** waschen und trocken reiben. Beide Gemüsesorten in Scheiben schneiden und vierteln. Die **Schalotte** in dünne Streifen schneiden. **Erdnüsse/Cashewnüsse** grob hacken. **Kokosöl** mit dem Gemüse in den Topf geben und 2 Minuten kurz andünsten. Mit **Kokosmilch** und **Gemüsebrühe** ablöschen.

Die **restlichen Zutaten** dazu geben und 15 Minuten köcheln.

Mit **Salz** und **Pfeffer** abschmecken und fertig!

KICHERERBSEN UND ARTISCHOCKENHERZEN POT

Kochzeit: 15 Minuten kcal 480

Artischocken regulieren die Verdauung und besitzen eine Vielzahl an wichtigen Mineralstoffe wie Natrium, Kalium, Kalzium, Magnesium und Eisen.

Zutaten

- 1 EL Kokosöl
- 1 in dünne Ringe geschnittene Schalotte
- 2 gepresste Knoblauchzehen
- 250 g Spaghetti
- 2 EL in Ringe geschnittene Oliven
- 2 in Knoblauch eingelegte Artischockenherzen
- 150 g Kichererbsen aus der Dose
- 2 TL Kapern
- 1 Dose gestückelte Tomaten
- 1 TL getrockneter Oregano
- 1 TL getrockneter Thymian
- 1 TL getrockneter Basilikum
- 1 Prise Paprikapulver
- 450 ml Gemüsebrühe
- Salz und Pfeffer zum Abschmecken

Schalotten in dünne Scheiben schneiden. **Knoblauchzehen** in den Topf pressen. **Artischockenherzen** halbieren. **Alle Zutaten** in den Topf geben und bei mittlerer Hitze 10 Minuten kochen. Noch mit **Salz und Pfeffer** abschmecken und servieren!

LINSENPASTA GEMÜSE POT

Kochzeit: 15 Minuten kcal 435

Paprika ist sehr gesund und reich an Vitamin C. Außerdem besitzt Paprika große Mengen an Magnesium, Zink und Kalium.

Zutaten

- 500 ml Gemüsebrühe
- 1 EL Kokosöl
- 250 g Linsennudeln
- ½ geschnittene Möhre
- ½ rote Paprika
- 1 Päckchen Tofu
- 1 kleingeschnittene Schalotte
- 3 EL Sojasauce
- 1 cm kleingeschnittener Ingwer
- 2 zerdrückte Knoblauchzehen
- Salz und Pfeffer

Die **Paprika** und die **Möhre** waschen und trocknen. Eine Hälfte der **Paprika** und eine Hälfte der **Möhre** in feine Streifen zerkleinern.

Die **Schalotte** und den **Ingwer** schälen. **Schalotte, Ingwer** und **Tofu** und in Würfel schneiden.

Kokosöl in dem Topf erhitzen und die **Knoblauchzehen** in den Topf pressen.

Schalotte, Ingwer und **Tofu** dazu geben und kurz anbraten. Alles mit **Sojasauce** ablöschen.

Die **Paprika- und Möhrenstreifen** dazu geben, kurz anbraten und mit etwa 300 ml **Gemüsebrühe** ablöschen. **Linsennudeln** dazu geben und alles kurz aufkochen. Bei mittlerer Hitze weitere 10 Minuten köcheln lassen.

Bei Bedarf etwas **Gemüsebrühe** dazu geben und gelegentlich umrühren. Mit **Salz und Pfeffer** abschmecken und warm genießen!

ASIATISCHER SESAM POT

Kochzeit: 20 Minuten kcal 600

Pak Choi ist eine chinesische Kohlsorte, die reich an Vitamin C, Carotin und Kalzium ist. Außerdem enthält er Pflanzenstoffe, die antibiotische Wirkungen versprechen.

Zutaten

- 500 ml Gemüsebrühe
- 250 g Reis
- 3 kleine Pok Choi in Streifen geschnitten
- 1 rote Paprika in dünne Streifen geschnitten
- 2 Möhren in Scheiben geschnitten
- 300 g Brokkoli
- 150 g klein geschnittene Champignons
- 3 gepresste Knoblauchzehen
- 1 cm großes Ingwerstück klein geschnitten
- 60 ml Sojasauce
- 3 TL Sesamöl
- 2 TL Kokosblütenzucker
- 1 Prise Paprikapulver
- 50 g grob gehakte Erdnüsse
- Salz und Pfeffer zum Abschmecken

Paprika, Möhren, Brokkoli, Pok Choi mit kaltem Wasser waschen und trocknen. Die **Champignons** mit einer Bürste oder einem Küchenkrepp reinigen.

Das **Ingwerstück** schälen und in kleine Würfel zerkleinern.

Brokkoliröschen vom Strunk trennen.
Champignons vierteln.

Möhren in dünnen Scheiben sowie **Paprika** in Streifen schneiden. **Erdnüsse** grob haken. **Sesamöl** mit den **gepressten Knoblauchzehen** und den zerkleinerten **Ingwerstücken** erwärmen.

Das **Gemüse** dazu geben und mit Sojasauce ablöschen. **Reis** mit der **Gemüsebrühe** aufgießen.
Paprikapulver und **Kokosblütenzucker** dazu geben und alles 15 Minuten gar köcheln.

Mit **Salz und Pfeffer** würzen und mit Erdnüssen garniert servieren!

MEXIKANISCHER QUINOA POT

Kochzeit: 20 Minuten kcal 400

Staudensellerie hat einen positiven Effekt auf dein Stoffwechsel und ist besonders reich an Kalium, Natrium, Kalzium und Magnesium

Zutaten

- 1 EL Olivenöl
- 2 gepresste Knoblauchzehen
- 1 Stange Sellerie
- 1 kleine Möhre
- 2 Frühlingszwiebeln
- 2 in Streifen geschnittene Jalapenos
- 300 g Quinoa
- 1 Dose schwarze Bohnen
- 1 Dose gestückelte Tomaten
- 400 ml Gemüsebrühe
- 250 g Mais aus der Dose
- 1 in Würfel geschnittene Avocado
- 250 g Baby-Blattspinat
- 2 TL Kokosblütenzucker
- Saft von 1 Limette
- 1 EL Limettenschale
- Salz und Pfeffer

Die **Bohnen** und den **Mais** aus der Dose holen und abtropfen lassen. Die **Möhre,** den **Sellerie**, die **Frühlingszwiebeln, Jalapenos** und den **Blattspinat** unter kaltem Wasser abbrausen und trocknen.

Die **Limette** unter heißem Wasser waschen und 1 EL Schale abreiben.

Den **Quinoa** in einem Sieb mit Wasser ausspülen.

Die **Möhre, den Sellerie** und die **Frühlingszwiebeln** zerkleinern. **Jalapenos** in Ringe schneiden.

Die **Avocado** halbieren und in Würfel schneiden.

Die **Knoblauchzehen** in den Topf pressen und mit Öl erwärmen.

Alle Zutaten mit in den Topf geben, mit **Gemüsebrühe** auffüllen und für 15 Minuten bei mittlerer Hitze köcheln lassen.

Mit **Salz und Pfeffer** abschmecken und genießen!

SÜßKARTOFFELN LINSEN POT

Kochzeit: 30 Minuten kcal 387

Die Süßkartoffel ist ein absoluter Allrounder. Neben vielen Vitaminen und Mineralstoffen ist sie reich an Antioxidantien, reguliert den Blutzuckerspiegel und reich an Folsäure.

Zutaten

- 1 TL Olivenöl
- 2 in Scheiben geschnittene Möhren
- 2 kleine in Würfel geschnittene Süßkartoffeln
- ½ rote Zwiebel
- 1 EL Kokosblütenzucker
- 3 gepresste Knoblauchzehen
- 150 g rote Linsen
- 150 g Quinoa
- 500 ml Gemüsebrühe
- 3 Orangen
- ½ gepresste Zitrone
- ½ Bund Koriander
- 60 g geröstete Mandeln grob gehakt
- Salz und Pfeffer

Möhren und **Kartoffeln** waschen. Den **Koriander** unter kaltem Wasser abspülen und anschließend trocknen.

Die **Linsen** und den **Quinoa** in ein Sieb geben und unter Wasser abbrausen.

Den **Koriander** grob hacken und beiseite stellen.

Die **Kartoffeln** schälen und in Würfel schneiden. Die **Zwiebe**l in feine Ringe und **Möhren** in Scheiben schneiden. Die **gerösteten Mandeln** grob hacken.

Den Saft von **3 Orangen** sowie von einer halben **Zitrone** pressen.

Den **Kokosblütenzucker**, den **Orangen-Zitronensaft** mit der **roten Zwiebel** im Topf erhitzen und einige Minuten karamellisieren.

Mit **Gemüsebrühe** ablöschen. Die **restlichen Zutaten** außer dem **Koriander** in den Topf dazu geben und bei gelegentlichem Umrühren für 30 Minuten köcheln lassen.

Zum Schluss den **Koriander** für die letzten 2 Minuten dazu geben.

Fertig!

SPANISCHER PAELLA POT VEGAN

Kochzeit: 30 Minuten kcal 387

Prinzessin Bohnen enthalten viele Mineralstoffe wie Magnesium, Mangan und Eisen. Bohnen sind eine gute Eiweißquelle und liefern mehr Proteine als Fleisch.

Zutaten

- 6 geviertelte Kirschtomaten
- 2 TL Kokosblütenzucker
- 10 halbe schwarze Oliven
- 1 EL Olivenöl
- 3 gepresste Knoblauchzehen
- 1 rote Paprika in feine Streifen geschnitten
- 1 gelbe Paprika in Streifen geschnitten
- 1 Zucchini geviertelt und in Scheiben geschnitten
- 100 g Prinzessin-Bohnen
- 1 Prise Safran
- 1 Prise Paprikapulver
- 450 g Risotto Reis
- 1 Liter Gemüsebrühe
- Salz und Pfeffer

Zucchini, Tomaten, Prinzessin-Bohnen und **Paprika** waschen und trocknen.

Die **Zucchini in Scheib**en und **Paprika in Streifen** schneiden. Bei Bedarf können die **Zucchinischeiben** nochmals halbiert werden.

Die Enden der **Prinzessin-Bohnen** entfernen.

Die **Tomaten** vierteln und beiseite legen. **Oliven** halbieren.

Olivenöl in einen Topf geben und mit den gepressten Knoblauchzehen erhitzen. Das **geschnittene Gemüse** außer die geviertelten Tomaten und der **Zucchinischeiben** mit in den Topf geben. Kurz anschwitzen.

Die **Tomaten** aus der Dose mit dem **Risotto Reis** sowie zunächst einem halben Liter **Gemüsebrühe** dazugeben.

Alles leicht aufkochen und für 20 Minuten köcheln.

Sollte die Flüssigkeit zu schnell verkochen, kann noch etwas Gemüsebrühe dazu gegeben werden.

In den letzten Minuten **Tomaten** und **Zucchinischeiben** für 2 Minuten dazu geben.

Mit **Safran** und **Paprikapulver** würzen und mit **Salz** und **Pfeffer** abschmecken.

ITALIENISCHER PASTA POT

Kochzeit: 10-15 Minuten kcal 440

Getrocknete Tomaten sind genauso wie frische Tomaten Vitaminreich und voller Vitamin E,K und B.

Zutaten

- 250 g Spagetti
- 400 ml Gemüsebrühe
- 2 EL Olivenöl
- 1 rote Zwiebel in feine Ringen geschnitten
- 250 g geviertelte Cherrytomaten
- 15 g getrocknete Tomaten
- 4 TL Tomatenmark
- 2 TL Kokosblütenzucker
- 50 g in Streifen geschnittene Oliven
- 2 TL Kapern
- 1 TL getrockneter Oregano
- ½ Bund frischer Basilikum
- Salz und Pfeffer zum Abschmecken

Die **Tomaten** waschen und trocken tupfen. **Basilikum** mit Wasser absprühen und trocken schütteln. Die **Tomaten** vierteln.

Die **rote Zwiebel** in feine Ringe schneiden. **Oliven** in Streifen schneiden. Die **getrockneten Tomaten** grob zerstückeln.

Die **Zwiebel** mit den **getrockneten Tomaten** in etwas **Öl** im Topf anschwitzen.

Alle Zutaten bis auf die **geviertelten Tomaten** und den **Basilikum** in den Topf geben und aufkochen. Anschließend für 8 Minuten köcheln lassen.

Die **frischen Tomaten** und einen Teil des **Basilikums** für die letzten Minuten dazu geben.

Mit **Salz und Pfeffer** abschmecken.

Wenn die Pasta al dente ist, mit einigen frischen Basilikumblättern garniert servieren und genießen.

JAPANISCHER MI-NUDEL POT

Kochzeit: 15 Minuten kcal 289

Brokkoli besitzt Krebsbekämpfende Substanzen und ist reich an Mineralstoffen wie Kalium, Kalzium, Eisen, Natrium und Zink.

Zutaten

- 1 EL Kokosöl
- 300 g Brokkoli Röschen
- 1 geviertelte und in Scheiben geschnittene Zucchini
- 100 g Zuckerschoten
- 1 Knoblauchzehe
- 2 cm großes Ingwerstück
- 50 g Cashewnüsse
- 3 EL Pflaumenmus
- 1 EL Erdnuss-Sauce
- 3 EL Sojasauce
- 250 g Mi-Nudeln
- ½ Bund Korianderblätter
- 40 g gesalzene Erdnüsse
- 400 ml Gemüsebrühe

Brokkoli Röschen, Zucchini, Zuckerschoten und **Koriander** waschen.

Die **Brokkoli Röschen** in mundgerechte Stücke zerkleinern. Die **Zucchini** in Scheiben schneiden und die Enden der **Zuckerschoten** entfernen. Den **Ingwer** schälen und klein schneiden.

Den **Koriander** grob hacken.

Die **Knoblauchzehe** in feine Würfel schneiden und mit dem **Ingwer** in **Kokosöl** erhitzen. Das **zerkleinerte Gemüse** außer der **Zucchinischeiben** dazu geben und mit **Sojasauce** ablöschen. Die **Mi-Nudeln** dazu geben und mit Gemüsebrühe bedecken.

Auf niedriger Flamme für etwa 10 Minuten weich werden lassen. Die **Zucchinischeiben** in den letzten 3 Minuten dazugeben und mitköcheln.

Erdnuss-Sauce und **Pflaumenmus** untermischen und mit **Erdnüssen** und **Korianderblättern** garniert genießen.

INDISCHER LINSEN POT

Kochzeit: 20 Minuten kcal 410

Kichererbsen haben einen hohen Folsäuregehalt und ca. 160g deckt sogar 25 % unseres täglichen Eisenbedarfs.

Zutaten

- 1 TL Erdnussöl
- 2 TL rote Currypaste
- 1 in Streifen geschnittene Schalotte
- 1 in Ringe geschnittene Frühlingszwiebel
- 100 g Kichererbsen aus der Dose
- 100 g rote Linsen
- 200 g Brokkoli
- 1 in Stifte geschnittene Möhre
- 100 ml Kokosmilch
- 200 ml Gemüsebrühe
- 40 g Cashewnüsse, grob gehackt
- Salz und Pfeffer zum Abschmecken

Brokkoli und **Möhre** waschen und trocken tupfen. Die **Linsen** in einem Sieb mit Wasser abbrausen.

Den Strunk des **Brokkoli** entfernen. Die **Brokkoli** Röschen in mundgerechte Stücke teilen. **Schalotte** in feine Streifen schneiden. Die **Frühlingszwiebel** in Ringe schneiden. Die **Möhre** in feine Stifte zerkleinern.

Cashewnüsse grob hacken.

Das Öl mit **Schalottenstreifen** und **Currypaste** im Topf anschwitzen. **Linsen** für 1 Minute dazu geben. Mit **Kokosmilch** und **Gemüsebrühe** ablöschen. **Möhren** hinzugeben und alles 15 Minuten kochen.

In den letzten 5 Minuten die **Brokkoli Röschen** und die **Cashewnüsse** unter den Linsen Pot mischen. Mit **Salz und Pfeffer** abschmecken...

fertig!

CREMIGER PASTA POT

Kochzeit: 15 Minuten kcal 387

Spinat hilft beim Muskelaufbau und verhindert Heißhunger Attacken. Dazu reich an Vitamin B, und C.

Zutaten

- 1 EL Olivenöl
- 250 g Fusilli Nudeln
- 250 g braune Champignons in Scheiben geschnitten
- 1 Schalotte
- 1 gepresste Knoblauchzehe
- 1 Brokkoli
- 500 ml Gemüsebrühe
- 100 ml Soja-Sahne
- 200 g Blattspinat
- 50 g Pinienkerne
- ½ Bund Basilikum
- Salz und Pfeffer zum Abschmecken

Die **Champignons** mit einer Bürste oder Küchentuch abreiben**. Brokkoli**, **Basilikum** und **Blattspinat** mit kaltem Wasser abbrausen und trocknen.

Die **Champignons** vierteln. Den Strunk des **Brokkoli** entfernen und die Brokkoli Röschen in mundgerechte Stücke zerteilen. Die **Schalotte** in feine Ringe schneiden.

Olivenöl mit **Pinienkernen** und der gepressten **Knoblauchzehe** in den Topf geben und leicht andünsten. **Schalottenringe** und **Champignons** dazu geben und leicht anbraten. Mit **Soja-Sahne** und **Gemüsebrühe** ablöschen. **Spinat** und **Nudeln** dazu geben und alles 8 Minuten köcheln lassen. In den letzten 2 Minuten die **Brokkoli** Röschen hinzufügen bis die Nudeln al dente sind.

Basilikumblätter zum Schluss unterheben und mit **Salz** und **Pfeffer** abschmecken.

THAI ERDNUSS POT

Kochzeit: 15 Minuten kcal 390

Koriander eine absolute Heilpflanze und zählt zu den ältesten Kräutern der Welt. Das Kräutergewächs hat sich bei Entgiftungskuren bewährt.

Zutaten

- 250 g Spaghetti
- 1 EL Kokosöl
- 400 ml Kokosmilch
- 400 ml Gemüsebrühe
- 1 kleingeschnittene Möhre
- 2 Frühlingszwiebeln
- ½ rote Paprika in Stücke geschnitten
- 2 cm großes Ingwerstück zerkleinert
- 3 gepresste Knoblauchzehen
- 1 Stange Zitronengras
- 3 EL Erdnussbutter
- 2 EL Sojasauce
- Saft von ½ gepressten Limette
- 1 TL Kokosblütenzucker
- 120 g geröstete Erdnüsse
- ½ Bund Thai Basilikum

Frühlingszwiebeln, Möhre, Paprika, Zitronengras und **Koriander** waschen und trocknen. Das **Ingwerstück** schälen und zerkleinern.

Die **Paprika** halbieren und in kleine Stücke schneiden. Den grünen Teil der **Frühlingszwiebeln** in Ringe scheiden. Den **Koriander** grob hacken.

Die **Möhre** schälen und in feine Stücke schneiden. Das **Zitronengras** einmal längs aufschneiden.

Den Saft einer halben **Limette** pressen.

Kokosöl mit 3 gepressten Knoblauchzehen in einem Topf erhitzen**. Ingwer** und **Zitronengras** dazu geben und für 1 Minute anschwitzen. Den **Limettensaft** dazu geben. Das zerkleinerte **Paprika**- und **Möhrengemüse** untermischen und für eine weitere Minute anbraten. Mit **Kokosmilch, Sojasauce** und **Gemüsebrühe** ablöschen. Die **Spaghetti** mit einem Teil der **Erdnüsse**, dem **Kokosblütenzucker** und der **Erdnussbutter** dazu geben. Für 15 Minuten köcheln bis die **Nudeln** bissfest sind.

Vor dem Servieren das **Zitronengras** entfernen und mit **Korianderblättern** und einigen **Erdnüssen** garnieren und schlemmen!

TAHIN PASTA POT

Kochzeit: 30 Minuten kcal 387

Sesam öffne dich, heißt es im Märchen. So ist Sesam sehr Kalziumreich und fördert die die Knochengesundheit.

Zutaten

- 1 EL Kokosöl
- 1 EL Sesamöl
- 1 Schalotte in Streifen geschnitten
- ½ Zwiebel kleingeschnitten
- 1 Knoblauchzehe
- 100 g frischer Blattspinat
- 1 geviertelte in Scheiben geschnittene Zucchini
- 150 g braune Champignons
- 250 g Mi-Nudeln
- 2 EL Sojasauce
- 2 EL Tahin Paste (Sesampaste)
- ½ TL Piri Piri Sauce
- 400 ml Gemüsebrühe
- 3 EL Sesamkörner
- Salz und Pfeffer

Spinatblätter und **Zucchini** waschen und trocknen. Die **Champignons** mit einem Küchentuch oder Bürste reinigen.

Zucchini in Scheiben schneiden. Bei Bedarf die Scheiben der **Zucchini** vierteln. **Champignons** ebenfalls vierteln. ½ **Zwiebel** und **Knoblauch** in feine Würfel schneiden.

Kokosöl im Topf erhitzen und **Zwiebel** wie auch **Knoblauch** leicht anbraten. **Champignons** dazu geben und mit 1 EL Sesamkörner bestreuen. **Sojasauce, Gemüsebrühe, Tahin Paste,** das **Gemüse** sowie die Nudeln in den Topf geben und alles bei mittlerer Hitze 10 bis 15 Minuten bissfest köcheln.

Mit **Sesamöl, Piri Piri Sauce** und Salz und Pfeffer abschmecken.

Ein **TL Sesamkörner** über jede Portion verteilen und genießen.

AFRIKANISCHER ONE POT

Kochzeit: 20 Minuten kcal 450

Mangos sind sehr gesund und voller Vitamin C, E und B – Vitamine sowie Folsäure.

Zutaten

- 150 g Belugalinsen
- 1 Bund Frühlingszwiebeln in Ringe geschnitten
- 600 ml Wasser
- 1 EL Kokosöl
- 1 Avocado
- 1 Mango
- 1 EL Erdnussbutter
- 1 EL Zuckerrübensirup
- 2 EL Balsamicoessig
- 3 EL Olivenöl
- 20 g Minzblätter
- 10 g schwarz-weißer Sesam
- Salz und Pfeffer zum Abschmecken

Die **Linsen** in ein Sieb geben und mit Wasser abbrausen.

Avocado und **Mango** in Würfel und **Frühlingszwiebeln** in Ringe schneiden.

Bis auf die **Frühlingszwiebeln** alle Zutaten mit einem Teil der **Minzblätter** und **Sesamkörner** in den Topf geben und für 15 Minuten köcheln.

In den letzten 5 Minuten die **Frühlingszwiebeln** dazu geben.

Mit einigen **Sesamkörnern** und gewaschenen **Minzblättern** garnieren und warm oder kalt servieren.

Tipp: Dieser Linsenpot ist ebenfalls toll, um ihn am nächsten Tag kalt zum Grillen zu essen. Allerdings sollten dann die Avocadostücke erst kurz vorher hinzugefügt werden (Matschgefahr!!!).

TÜRKISCHER BULGUR POT

Kochzeit 15 Minuten kcal 468

Bulgur ist ein Hartweizengrieß, das verschiedene B-Vitamine, Kalzium, Magnesium und Phosphor enthält

Zutaten

- 250 g Bulgur
- 450 ml Gemüsebrühe
- 1 Salatgurke
- 3 Tomaten
- 1 Möhre
- 1 Frühlingszwiebel
- 1 EL Tomatenmark
- 1 Bund Petersilie
- 1 Zweig Minze
- 1 Prise Muskatnuss
- Salz und Pfeffer

Möhre, Tomaten und **Gurke** waschen und trocknen.

Die **Kräuter** ebenfalls unter kaltem Wasser abspülen und trocken schütteln.

Die **Tomaten** in Würfel schneiden. Die **Möhre** schälen und fein raspeln. Die **Gurke** halbieren und den Innenkern herauslösen. Anschließend die **Gurke** in kleine Würfel schneiden.

Die **Frühlingszwiebel** in feine Ringe schneiden. Die Kräuter von den Stängeln zupfen und fein hacken.

Den **Bulgur** mit einer **Prise Muskatnuss** in einem Topf anrösten. **Gemüsebrühe** mit **Tomatenmark** und **Frühlingszwiebel** hinzugeben und bei schwacher Hitze für 10 Minuten aufquellen lassen.

Die **Tomaten** und **Gurken** für 3 Minuten untermischen und mit **Salz** und **Pfeffer** abschmecken.

Die frischen **Kräutern** zum Schluss für weitere 2 Minuten unterheben und kalt wie auch warm servieren!

RISOTTO SPARGEL POT

Kochzeit: 30 Minuten kcal 450

Spargel ist bekannt für seinen hohen Folsäure und Vitamin K Gehalt, der für die Blutreinigung zuständig ist.

Zutaten

- 200 g Risotto Reis
- 500 ml Gemüsebrühe
- 2 EL Margarine
- 1 Schalotte
- 4 EL Weißwein
- 250 g weißer Spargel
- 250 g grüner Spargel
- 1 EL Kokosblütenzucker
- 2 EL Pinienkerne
- Salz und Pfeffer

Das holzige Ende des **Spargels** abschneiden. Weißen und **grünen Spargel** schälen und in 3 cm lange Stücke schneiden.

Die **Schalotte** in feine Würfel zerkleinern. **Margarine** in einem Topf zergehen lassen und den Spargel mit 1 EL **Pinienkernen** und etwas **Kokosblütenzucker** andünsten.

Den **Risotto Reis** und die **Schalottenwürfel** dazu geben und eine weitere Minute andünsten.

Mit **Weißwein** und **Gemüsebrühe** ablöschen.

Das Ganze unter ständigem Rühren für 20 Minuten gar köcheln.

Mit **Salz** und **Pfeffer** abschmecken und mit den **restlichen Pinienkernen** servieren.

Schlusswort

Ich hoffe du hast Lust bekommen, deinen ersten "Vegan One Pot" zu kochen. Traue dich ruhig, mit den Rezepten herumzuexperimentieren und dein Lieblingsgemüse einzubauen. Wenn du einige Rezepte ausprobiert hast, würde ich mich freuen, wenn du auf meiner Facebook-Seite oder bei Amazon deine positiven Erfahrungen oder auch Fotos von deinem "One Pot" teilst.

ICH WÜNSCHE DIR VIEL SPAß BEIM NACHKOCHEN UND EINEN GUTEN APPETIT!

HAFTUNGSAUSSCHLUSS

Das Buch wurde nach bestem Wissen und Gewissen verfasst. Der Inhalt wurde mit großer Sorgfalt geprüft und erstellt. Für die Vollständigkeit, Richtigkeit und Aktualität der Inhalte kann jedoch keine Garantie oder Gewähr übernommen werden. Der Inhalt des Buches repräsentiert die persönlichen Erfahrung und Meinung des Autors und dient nur dem Unterhaltungszweck. Der Inhalt sollte nicht mit medizinischer Hilfe verwechselt werden. Es wird keine juristische Verantwortung oder Haftung übernommen, die durch kontraproduktive Ausübung oder durch Fehler des Lesers entstehen. Eine Haftung für Personen-, Sach- und Vermögensschäden ist daher ausgeschlossen. Es wird auch keine Garantie für Erfolg übernommen.

IMPRESSUM

1. Auflage

Kontakt: Karolina Marques Pereira / Raderweg 8 / 41749 Viersen

Covergestaltung: Fiverr

Autor Paulina Pereira

Fotografien: Karolina Marques Pereira

Coverfoto: depositphotos.com